Les quatrains

Du même auteur

Les sentiers battus, PJ. Oswald, 1975

Les mains vides et les pieds-noirs, C. Corlet, 1999

Mon plus beau cadeau, C. Corlet, 2001

Un de là-bas, Le manuscrit, 2005

Jour de chkoumoune ?, Le manuscrit, 2013

L'homme qui recyclait des bouteilles, Edilivre, 2016

Georges de Villebois-Mareuil, Edilivre, 2017

Les parterres de vers, Edilivre, 2019

Et puis partir, Books on Demand, 2022

Des nouvelles de l'homme qui recyclait des bouteilles, Edilivre, 2023

Les visitations poétiques, Books on Demand, 2023

Christian Galvez

Les quatrains

© 2023, Christian Galvez
Edition : BoD – Books on Demand,
info@bod.fr
Impression: BoD - Books on Demand,
In de Tarpen 42, Norderstedt (Allemagne)
Impression à la demande
ISBN: 978-2-3224-5973-5
Dépôt légal: Avril 2023

A ceux qui me sont chers

Les souffles s'entrecroisent puis s'apaisent ;
Les voix s'interpénètrent puis se taisent.
Lieu clos où d'un coup s'installe l'infini,
L'air ne respire plus que le pré fleuri.

François Cheng
dans *Enfin le royaume*

Les plis de la lune

Au lecteur

Ami comme moi prends pitié

J'ai fait ce que j'ai pu les pages

Blanches geignaient pleuraient de rage

Allons lis sans vouloir châtier

1

Oh que m'importent les couleurs

Des chagrins et des graminées

Seules comptent les fleurs chinées

Qu'on marchande dans la douleur

2

Comme pardonnent les courants

Voici que la brise légère

Celle qui nous vient de naguère

Recherche notre roi-mendiant

3

Le matin aux pieds d'éléphant

N'en revient pas d'être un enfant

Mais moi je ne suis pas tranquille

Quand je le vois croquer des billes

4

Ce sont des graines de chair vive

On les trempe dans notre ennui

En espérant que dans la nuit

Tous les refrains soient sur la rive

.

5

Les idées rient au coin du feu

Car l'hiver n'a pas froid aux yeux

Las seule la pierre s'étonne

D'entendre la vie qui frissonne

6

Sonneront-ils dans les mémoires

Les innocents des grandes foires

Les sollicitudes du vent

Pour que les traces soient devant

7

L'écorce de ses jolies mains

L'ardeur parfumée du chemin

Le chuchotement des taupières

Rappellent la joie des lumières

8

Je ne laisserai pas vos lettres

Sombrer dans le désert boiteux

Entre la mer et la fenêtre

Je guette l'envol des aveux

9

Y aura-t-il encor des gens

Au beau feuillage intelligent

Dont le cœur est une alouette

Et l'âme une onde de paillettes

10

Quand on dit qu'ils jouent double jeu

Nos astres sont bien malheureux

Seul le tracé d'une margelle

Leur rend leur ivresse éternelle

11

Avec le bas des désaccords

Et le haut des doux réconforts

Tout un chacun se rend bien compte

De la folie de nos vieux contes

12

Celui qui est dans l'infortune

Cherche une raison de passer

Il compte les plis de la lune

Et puis se met à rêvasser

13

J'aime le rouge du matin

Même si parfois il m'effleure

Car j'oublie que le monde pleure

Et qu'il faut décroiser ses mains

14

Avons-nous perdu dans un vol

De sentiments et de romances

Notre fraternelle abondance

Il n'a pas un sou dans son bol

15

Le pêcheur embrasse le pain

Pour rappeler qu'il vient du père

Soit cela est un grand mystère

Puis bouture les airs marins

16

Cette lanterne de l'enfance

Qu'ici je sors dans mes hivers

Oui est importée d'outre-mer

Elle brille de faits divers

17

O tendresse qui m'éclabousse

Es-tu sûre de me vouloir

Je ne suis rien que de la mousse

Qui sous la pluie fait son devoir

18

Sceller les volets de l'oubli

C'est ainsi que je rétablis

L'écoulement des rêveries

Le bleu est ma nostalgérie

19

Comme s'éloignent les vallons

La courbe de ton existence

Laisse au quotidien des limons

Il suffisait d'avoir confiance

20

Ce bruit qui glisse entre les pierres

C'est la gaieté qu'il attendait

De l'autre côté des frontières

Il a le droit de s'attarder

21

Sans toi sans moi dans les brisures

De ces années des alentours

Que reste-t-il de nos beaux jours

Du sel brillant sur des ramures

22

Bravant les ajoncs défleuris

L'amitié vue des campaniles

Fait penser à l'oiseau fragile

Que nos litanies ont surpris

23

A contretemps les horizons

Balafrés par les croisillons

Ont pris rendez-vous sur la place

Là luisent encor des menaces

24

A l'heure où les grands cerfs s'enlacent

Egarés sur des feuilles lasses

La brume cache nos remords

Et le passant triste s'endort

25

Enfuis-toi avec les nuages

Sois la feuille prise en otage

Car il est bon d'être un peu fou

Dans cet espace aux quatrains roux

26

A Louis

Tombe la neige en soupirant

Mais toi tu es la flamme vive

Qui fait que le monde s'active

O force des moins de quatre ans

27

A la naissance des fêlures

De quoi ont peur les vieux faubourgs

Du grand troupeau voir les blessures

Dit l'aube en habit de velours

28

A mes petits-enfants

Mon royaume est fait de vos rires

De vos peaux aux goûts mélangés

Bienheureux l'être dérangé

Il peut son doux secret écrire

29

A Louis

Dans l'allée d'or de nos beaux jours

Au pied de la statue complice

Celle qui rit de nos amours

Crépitent mille et un délices

30

O toi qu'on a vue en janvier

Avec le sang des encriers

Nous écrivons ton initiale

Eternelle mère idéale

31

Ma raison est en gris en bleu

Comme un soldat qui papillonne

Emporté par un vent scabreux

Bercé par la cloche qui sonne

32

Au gré du chant des habitudes

Oui je crie pour ne pas pleurer

Dans les mains des incertitudes

Sur le cœur des gens apeurés

33

A Adélaïde

Les mots écrits donnent la vie

Ceux qui ne sont pas là sont là

Hier est aujourd'hui voilà

Mais rien ne vaut ta compagnie

34

A mon arrière-grand-père

Très loin derrière mon passé

L'eau oublieuse l'a chassé

De ses larmes faire une source

Il n'a pu trouver les ressources

35

Le pavé tutoie l'olivier

Ils ont des histoires communes

Non ils ne se font pas prier

Pour conter leur bonne fortune

36

Ne pas partir pour voir venir

De la vérité l'ombre claire

Sur le mont de nos souvenirs

Plus facile est de se distraire

37

La solitude de l'église

Débordante de gourmandises

Que sont les écrits et les chants

Perce les appels des marchands

38

Espérant goûter un régal

A l'abri du grand carnaval

Nous ressortons les cartes chance

Les variations des contredanses

39

L'oiseau bredouille son discours

D'hier le temps n'a plus la force

Où va le repos qu'on amorce

La nuit est devenue le jour

40

C'est mercredi que le poète

Reprend ses belles pirouettes

Il ne sait pas encore oh non

Qu'on lui demandera pardon

41

J'ai des ronciers et des broussailles

Au fond de mon cœur qui tressaille

Là se terrent tous mes chagrins

Quand trottinent les malandrins

42

Il est passé dans une vie

Faisant que plus tard on l'oublie

Le gardien du jeune berger

Qu'un grand feu d'amour dirigeait

43

Les feuilles affolées qui courent

Sont les gribouillages du cœur

Ils font sourire les moqueurs

Ceux-là sont là qui nous entourent

44

Que cette ornière voie une âme

Au lever des premiers drapeaux

La traverser comme un troupeau

Que guident les yeux de la dame

45

Le récit des petites biches

Celles qui rendent les gens riches

Comme ces joies pour un cadeau

Je le trouve sous ton chapeau

46

Soit désormais entre ils et ont

Surgit la tête du lion

Qui dévore une épingle à linge

O saveur d'un remue-méninges

47

Tous les réveils du petit soir

Avec les routines naissantes

La sève des statues tremblantes

Et la voix de l'escargot noir

48

Qui mieux que la mer noble dame

Pour chasser notre vague à l'âme

Je pense à des monts-troubadours

Pour déjouer les mauvais tours

49

Gommer dans le ciel la fissure

Ce reste d'un coup de crayon

Qu'a tracé l'oiseau furibond

Dérangé dans son aventure

50

Sur la plage enfant extasié

Le bois à l'odeur pain d'épice

Se réjouit quand le ruisseau glisse

Entre les doigts roux de ses pieds

51

Attendons la saison promise

Où le silence dira tout

Les écrits seront des cerises

Les paroles des bonbons mous

52

Il faut couper les mots en quatre

Comme on mélange les couleurs

Pour qu'en plein jour puisse s'ébattre

Notre pensée avec bonheur

53

Les impressions sur la mémoire

Voilà un moyen sûr d'aimer

C'est comme un jardin sans histoire

Où rigolent les nouveau-nés

54

Ca ressemble à ces longs voyages

Du côté de notre quartier

A ces merveilleux paysages

Griffonnés par les écoliers

55

Quand au profond de son ennui

Au pas cadencé sur la terre

S'assemblent les vers téméraires

L'homme ouvre les yeux tout ébloui

56

A Adélaïde

Trois-cent-soixante-cinq journées

A la fine soie des cheveux

La porcelaine cette année

A l'éclat vif des bienheureux

57

J'écris pour que le pommier chante

Et que là l'étoile filante

Lui tricote un pull de vapeur

Qu'il mettra un jour de bonheur

58

J'entends l'appel du crépuscule

Je vois le don des libellules

Je sens la montée des adieux

Je crois au Seigneur notre Dieu

59

N'étant pas en bonne santé

L'immémoriale liberté

Ne parcourt plus le joli monde

Il en faudrait une seconde

60

Mon Dieu que j'aime sa manière

De bavarder avec le ciel

Les flocons de neige légère

Sont de belles gouttes de miel

61

Dans leur barque les écritures

Les pêcheurs d'hommes en mission

Etendent leur douce passion

Sur la marée des créatures

62

A Adélaïde

S'envole l'écureuil heureux

Tombe le corbeau amoureux

Sautille la fourmi studieuse

Resplendit ta figure pieuse

63

Comment aider les défricheurs

De fraternité franche et fière

En changeant l'azur de nos cœurs

En n'éteignant pas nos prières

64

Par un jour d'oubli ou de peine

J'ai trié un à un les mots

Aujourd'hui un me fait défaut

L'ère des neveux est lointaine

65

La fidélité sur les marches

Ne s'achète pas à l'encan

On dit qu'elle choisit son camp

Nous lui faisons quand même une arche

66

A mes petits-enfants

Demain serez-vous des limiers

Désireux de vous mettre en chasse

Dans les sous-bois de mes cahiers

Fraîches seront encor mes traces

67

Poète laisse tes serments

Saisis-toi des sarments de vigne

Sur la terre tire des lignes

Jettes-y tes vers humblement

68

A mes petits-enfants

Prononceras-tu mon prénom

Demande l'étoile au garçon

Liras-tu mes calligraphies

Chante l'oiseau à la jolie

69

De givre se farde la tour

Vois donc l'alerte centenaire

Qui déploie ses plus beaux atours

Sans une ride sur ses pierres

70

Le froid est bien le supérieur

Qui pousse à la réflexion l'homme

Engourdi dans son intérieur

Et faisant de ses vies la somme

71

La désuétude a l'odeur

D'une subite résurgence

Dont les blés aiment la douceur

D'elle a grand soif notre existence

72

Si l'air a mauvais caractère

Quand les branches ne rêvent plus

O merle viens vers ma lumière

Je suis sûr que rien n'est perdu

73

A mes petits-enfants

Vous et moi visitons les braises

Du beau feu qu'on a circonscrit

Celui qui en bleu peint les fraises

Et sans mots des mots nous écrit

74

Il avançait à petits pas

Le gros réveil aux yeux de mouche

Aussitôt il me regarda

Et sortit la fleur de sa bouche

75

L'été incline vers le chœur

Fort heureux d'être aux antipodes

Des gros orages à la mode

Le voici pèlerin-marcheur

76

La demoiselle au manteau bleu

S'en va sautillant sur la mare

Puis s'envole droit dans les cieux

Nous laissant un parfum très rare

77

La brume attire l'attention

Additionnons toutes les dates

Même celle qui nous épate

Pour trouver notre solution

78

A mon arrière-grand-mère

Ce matin-là montrait la lune

Pour consoler la douce brune

Le bateau quittant son là-bas

L'avenir dormant dans ses bras

79

A mes petits-enfants

Pour vous mes pensées sont des fruits

Qui dans le clair-obscur des nuits

Murissent comme une étincelle

Dans les entrailles maternelles

80

Le sentiment discret d'un faon

La joie vive des fondrières

La ville sent toujours la terre

Sacrée sous ses pieds de béton

81

Au sud avec les oies sauvages

Ailleurs avec les cormorans

Quelle chance d'être en voyage

Sans bouger reconnaît l'étang

82

Humbles servantes sans conteste

Du paysage des beaux textes

Bien rangées les vignes sont là

Attendant les alinéas

83

Un soir viendra l'heure fatale

Comme un concerto anormal

Caressant mes terres natales

J'écouterai jouer mon mal

84

L'homme croyait en la mémoire

Cette pomme que l'on fourbit

Quand on salue un auditoire

Jusqu'à la plainte de l'oubli

85

Plus que deux jours de falbalas

Avons-nous assez choyé l'orge

Du butin trouvé dans la forge

Où elle étendait ses tracas

86

Pardonnez-moi si je ne sais

Ce que pensent les cheminées

Ne laissant voir que leurs fumées

Ribambelles de maux séchés

87

Au théâtre de ce midi

Le pélican a de l'esprit

Le saule n'en prend pas ombrage

Et le soleil tourne les pages

88

L'amour est la corde fragile

Pour celui qui veut s'évader

Il la cherche ici là sur l'île

Et si demain il l'attendait

89

Le cours de notre vie serpente

Mais pour le dernier jour la sente

Va et emprunte un raccourci

Ne la voyons-nous pas d'ici

90

Tout s'est passé dans la clairière

Où brode et tisse la bruyère

Tu y as laissé ton destin

On en a fait un beau satin

91

Non non non non ne dis pas non

Ainsi en guise de victoire

Tu cueilles les lambeaux de gloire

Accrochés à tes genoux blonds

92

Le moulin tourne avec mon âme

Non je n'en fais pas la réclame

Car je suis interdit de pleurs

Or tel l'oiseau je crie de peur

93

Sur les eaux tendres se prélasse

La lumière qu'un ciel enlace

Je crois qu'ils ne manquent de rien

Si ce n'est d'un bon musicien

94

L'esprit brillant de mille feux

Mai de l'enfant voit les grands yeux

Heureux qu'il soit déjà des nôtres

Désireux d'en faire un apôtre

95

Parmi la terre et la routine

Trouverez-vous ce que le temps

Ecureuil distrait mais prudent

Cache des noix et mes comptines

96

Devenir roi ou bien ermite

Calme et douce telle est l'invite

Des talus tachés d'or ancien

L'homme veut être magicien

97

Le souffle identifie les cœurs

Les effeuillant avec bonheur

Patiemment il se coordonne

Avec l'amour qui grogne et tonne

98

J'ai tout donné de ma richesse

Mes songes ma voix mes frayeurs

Pour être d'ici non d'ailleurs

Mais imprenable est ma jeunesse

99

Cette lune fait la curieuse

Son clair entre dans la maison

La commode est son horizon

Le lit un champ blanc bordé d'yeuses

100

Ephémère est ce long chemin

Comme le fait un homme lige

J'accroche donc mes parchemins

Au regard qui va et voltige

101

Il ne compte plus les accords

Qui sont pour lui des pièces d'or

L'amoureux fou de la grammaire

Est devenu un milliardaire

Envoi

Bien j'ai tout dit de mon passé

Car ma voie se volatilise

Telle celle du cerf chassé

Cette fois je pars sans valises

Les poèmes de grand-papa

1

Le silence a le goût des fleurs

.

Non je ne veux pas qu'on le touche

Il ne s'agit pas d'escarmouches

Ces coups de vent tout en couleur

2

On a interdit les rochers

Ceux faits de farine et de pierres

Aux deux saisons intermédiaires

Que sont l'eau et le ricochet

3

Mais nous savons que le beau temps

Vient toujours après les sourires

Des médailles d'or et de cire

Quand les chemins sont hésitants

4

Le bouffon blanc s'écrit en noir

Avec le chanvre des collèges

Loin derrière le long cortège

Dont le drapeau est un miroir

5

Les nuages sont les amis

Des basses-cours et des vieux princes

Jusqu'à l'aiguillon des provinces

Qui se couche sur les treillis

6

Demain on verra un penchant

Du côté d'un vol d'hirondelles

Comme à l'ombre des demoiselles

Les draps sont les arbres des champs

7

J'ai retrouvé cet univers

Dans le grand coffret de mes rêves

Aux allures de fuites brèves

Je t'en fais un bouquet de vers

8

J'ai vu les heures sommeiller

Dans les grands champs des habitudes

Celui qui reste ensoleillé

A l'ombre des incertitudes

9

Il fallait bien se décider

J'ai marché comme on se regarde

Un vieux conte en guise de clé

Mon cœur a crié par mégarde

10

Des calculs il en a assez

Il préfère le jeu des figues

Avec les bonheurs enlacés

Là où se découd la fatigue

11

C'était un jour de fil de fer

Autant dire une denrée rare

Mais dont le goût n'est pas amer

La rouille était restée en gare

12

Je craignais l'envol des vers mûrs

Ils n'aimaient pas qu'on les récolte

Pour garnir les songes des murs

Par chance on n'eut pas de révolte

13

Je t'y emmènerai demain

Quand tu sauras lire les lignes

De mon front et non de ma main

Mon âge te fera un signe

Les poésies de grand-papa

1

J'ai tutoyé un réverbère

Celui qui sème des sonnets

Dans le vent gris bleu des bergères

Pour le repos des sansonnets

2

Comme une envie que l'on dessine

Les accents forts du beau muguet

Glissent sur le dos des vitrines

Mais les livres sont aux aguets

3

Une autre mer ce soir peut-être

Dans le bocage des bambins

S'épanouiront par la fenêtre

Des milliers de fruits sans dédain

4

L'été cherche ses habitudes

Parmi les espoirs des rayons

Des vieux marchands de solitude

Dont les longs cils sont des crayons

5

C'est à partir de la mémoire

Que l'esprit vaillant des perdrix

Ramène ces clés en ivoire

Qui ouvraient tous les vendredis

6

Nos joies s'en vont en promenade

Car les baisers sont des outils

Aux regards tout en enfilade

Des arbrisseaux les plus gentils

7

O ma jolie tu es surprise

Quel est donc cet eldorado

Les mots sont pour moi des cerises

Tiens Goutes-en C'est mon cadeau

8

Elle a des larmes bleu marine

Quand dans ses branches se dessine

L'écho d'un paradis rouquin

Qu'embaument de jolis bouquins

9

On détricote un crépuscule

Qui ne craint pas le ridicule

C'est qu'on a envie d'un détour

Comme un mot choisit ses atours

10

On me dit Peins l'écologie

Je puise dans ma nostalgie

Les sons vermeils des soirs d'été

Les balcons roulaient leur gaieté

11

L'oiseau jouait dans la cuisine

Avec les doigts de ma cousine

Nous cherchions à être compris

Par la tendresse de l'esprit

12

Le temps n'oublie pas son enfance

Les caramels du bord de France

La mer qui perd ses rejetons

A cause d'un froid vagabond

13

Mais hier fait pâle figure

Il suffit d'une créature

Qui entend frapper un lapin

A la porte d'un cerf malin

Table